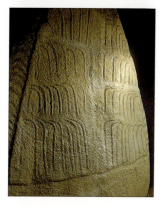

DIE VORGESCHICHTE

Text von Claudine Roland
und der Verlagsredaktion von MSM
Übersetzung:
Adelheid Schmid-Fayolle
und Ute Distler-Boreux

Chronologie

Vor -13,7 Milliarden Jahren
Der Urknall. – Das Weltall entsteht.

Vor -4,56 Millarden Jahren
Die Sonne und das Sonnensystems mit seinen Planeten – darunter auch die Erde – formen sich.

Vor - 3,8 Milliarden Jahren
Mit den Prokaryoten, Lebewesen ohne vollständigen Zellkern bildet sich die erste Form von Leben auf der Erde.

Vor -1,5 Millarden Jahren
Die ersten Eukaryoten, Lebewesen mit Zellkern.

Vor -600 Millionen Jahren
Erste mehrzellige Lebewesen.

Vor -540 Millionen Jahren
Beginn des Kambriums: Das Leben „explodiert".

Vor -475 Millionen Jahren
Es bilden sich die ersten Wirbeltiere, die kieferlosen Agnathen.

Vor -354 Millionen Jahren
Im Karbonzeitalter besiedeln Amphibien und einfache Reptilien die Erdoberfläche.

Vor -248 Millionen Jahren
Triaszeitalter: die ersten Dinosaurier werden geboren.

Vor -65 Millionen Jahren
Aussterben der Dinosaurier.

Vor -58 Millionen Jahren
Beginn der Eozäne, erste Primaten.

Vor -8 Millionen Jahren
Die Familie der Hominide unterteilt sich in zwei Unterfamilien, die Panini (Menschenaffen) und die Hominini (Menschen).

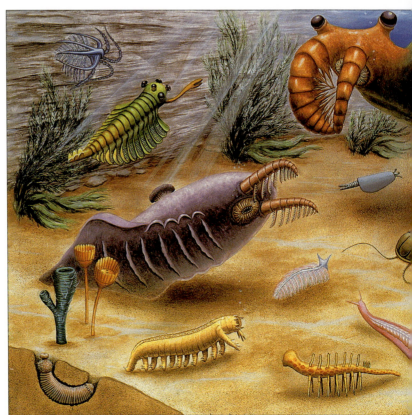

◀ *Das Sonnensystem. Die Sonne ist einer von ungefähr 200 Milliarden Sternen in unserer Galaxie. In ihrem Gefolge befinden sich 8 Planeten. Der im Jahre 2006 entdeckte Pluton wurde in eine neue Kategorie eingeordnet, die als Zwergplaneten bezeichnet wird, darunter auch Eris der 2005 entdeckt wurde, sowie Ceres ein grosser Asteroide. Auf einem dieser Planeten, der Erde entwickelte sich vor beinahe 4 Milliarden Jahren das Leben, vermutlich in den Tiefen des Ozeans unweit von magmatischen Aktivitäten und dem Sprudeln von hydrothermalen Quellen.*

▲ *Stromatolithen aus der North Pole, Australien. Museum für Paläontologie, La Voulte-sur-Rhône, Frankreich. Die 3,5 Milliarden Jahre alten Versteinerungen wurden durch Cyanobakterien in den seichten Tiefen der warmen Meere geformt, die Kalziumkarbonat absonderten und Felsblockschichten bildeten.*

◀ *Die Fauna von Burgess. Der tonhaltige Schiefer des Burgess in Kanada, birgt tausende von Fossilien, die aus der Zeit von vor -530 Millionen Jahren stammen und Zeugen der kambrischen Explosion sind. In dieser Zeit tauchen im Tierbereich neben den schon bestehenden Phyla 15 neue auf (38 sind bis heute bekannt).*

ABENTEUER LEBEN

Die Vorgeschichte umfaßt die Zeit von der Erscheinung des Menschen bis zur Entdeckung der Schrift: ein mehrere Millionen Jahre dauerndes Abenteuer… doch nur ein Augenblick der Weltgeschichte! Das Weltall entstand beim Urknall vor 13,7 Milliarden Jahren. Die Galaxien, bildeten sich siebenhundert Millionen Jahre später. Darunter auch unsere Milchstrasse. Nach weiteren 8 Milliarden Jahren erscheint ein Stern an ihrem Rand: die Sonne mit ihren Planeten, darunter auch die Erde. Bei ihrer Entstehung vor 4,56 Jahren. war die Erde einfach eine glühende Gaskugel. Durch Abkühlung verflüssigten und verfestigten sich diese Gase schließlich zur Erdkruste mit ihren Ozeanen und Kontinenten. Leben konnte auf diesen Kontinenten jedoch nicht entstehen, da anfangs zur Bildung einer schützenden Ozonschicht nicht genügend Sauerstoff in der Atmosphäre war. Die ersten Lebewesen, sehr einfache Einzeller, entwickelten sich wahrscheinlich in den Ozeanen, die gute Bedingungen für den chemischen Austausch und Schutz vor schädlichen kosmischen Strahlungen boten. Von da an bildeten sich im Laufe Hunderter Millionen von Jahren zahlreiche und vielfältige pflanzliche und tierische Organismen. Und dieses Leben sollte immer komplexere Formen annehmen…

▲ *Ammonitfossil aus der Jurazeit. Museum für Paläontologie, La Voulte-sur-Rhône.*

◀ *Szene aus der späteren Kreidezeit: Zwei Iguanodone und Hypsilophodone werden von einem Theropod-Dinosaurier belästigt. Im Hintergrund: ein Cetiosaurier.*

▼ *Tyrannosaurier, ein zweibeiniger Fleischfresser, der vor 68 bis 65 Millionen Jahren gelebt hat. Er ist 13 m lang, 6 m groß und wiegt mehr als 7 t.*

Vom Aussterben bedroht

Vermutlich hat ein riesiger, vor 65 Millionen Jahren auf die Erde niedergegangener Meteorit ein Erdbeben mit einer Stärke von 13 auf der Richterskala ausgelöst und eine gigantische Flutwelle mit sich gezogen. Diese veränderten das Biotop des Planeten, was zum Aussterben von 75% der Meerestiere – darunter auch den Ammoniten – führte und das Leben aller Lebewesen auf der Erdoberfläche auslöschte, die mehr als 25 Kg wogen, unter diesen befanden sich auch die Dinosaurier. Dieser Meteorit ist vermutlich nicht derselbe, der mit seinem Durchmesser von 10 Kilometern den Krater von Chicxulub in Yucatan gebildet hat. Sein Einschlag soll 300 000 Jahre später erfolgt sein.

DIE SCHRECKLICHEN ECHSEN

Zu Beginn des ältesten Erdzeitalters, dem Paläozoikum, vor 540 Millionen Jahren gibt es wirbellose Meerestiere im Überfluss. In den Ozeanen wimmelt es geradezu von Leben und bald erscheinen dort auch primitive Wirbeltiere. Vor 400 Millionen Jahren beherrschen die Fische das Meer. Zaghaft kommen die ersten Wirbeltiere aus dem Wasser an Land: die Amphibien…
Sie können schon die Luft der Atmosphäre atmen, benötigen jedoch vor allem für die Fortpflanzung noch Wasser. Die Reptilien, die sich zu dieser Zeit immer stärker vermehren, legen ihre gut durch eine harte Schale geschützten Eier an Land und nehmen die Eroberung des Kontinents in Angriff… So treten vor über 200 Millionen Jahren die Dinosaurier die Herrschaft an. Diese *schrecklichen Echsen* gibt es in allen Formen: von kleinen, die nicht größer als ein Huhn sind, bis hin zu wahren Riesen, so hoch wie ein Haus. Die pflanzenfressenden Dinosaurier bewegen sich auf zwei oder vier Füßen fort und haben Reptilien- oder Vogelhüften (Saurischier bzw. Ornithischier). Die Fleischfresser gehen auf zwei Füßen und haben alle Reptilienhüften.
Vor 65 Millionen Jahren sterben die Dinosaurier aus und machen den Säugetieren Platz. Doch es vergehen noch einige Millionen Jahre, bis ein Primat ganz neuen Typs erscheint…

Hominiden	
Australopithecine	
Region: Süd- und Ostafrika	
Vor -4,4 bis -2,3 Mio. Jahren	
Größe (Mann): 1,10 m – 1,20 m	
Gehirn: 350 – 450 cm^3	
Paranthropen	
Region: Süd- und Ostafrika	
Vor: -2,7 bis -1 Mio Jahren	
Größe (Mann): 1,45 m – 1,50 m	
Gehirn: 420 – 600 cm^3	
Homo habilis	
Region: Süd- und Ostafrika -Kaukasus *(Homo georgicus)*	
Vor: -2,4 bis -1,44 Mio Jahren	
Größe (Mann): 1,30 m	
Gehirn: 550 – 680 cm^3	
Homo erectus	
Region: Afrika, Nahe Osten, Asien und Europa	
Vor: -2 bis -0,2 Mio Jahren	
Größe (Mann): 1,60 m – 1,80 m	
Gehirn: 850 – 1 250 cm^3	
Neandertalmenschen	
Region: Europe, Naher Osten und Zentralasien	
Vor: -100 000 Jahren (-175 000 für die ehemaligen Neandertaler) bis -30 000 Jahren	
Größe (Mann): 1,55 m – 1,70 m	
Gehirn: 1245 – 1740 cm^3	
Homo sapiens	
Region: auf der ganzen Welt	
Vor: -200 000 Jahren bis zum heutigen Tage	
Größe (Mann): 1,70 m – 1,85 m	
Gehirn: 1 100 – 2 000 cm^3	

▲ *Die zweifüßigen Australopithecinen leben inzwischen halb auf Bäumen. Mittels eines Greiffusses bewegen sie sich von Ast zu Ast in den Bäumen fort, wo sie sich zum Schutz vor Raubtieren ausruhen und zum Schlafen niederlegen.*

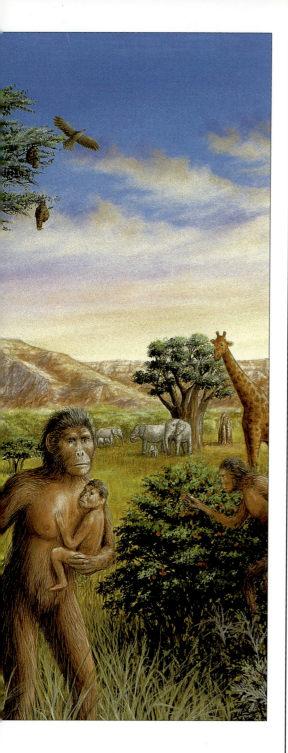

UNSERE AFRIKANISCHEN VORFAHREN

Wir sind Primaten –wie die Schimpansen auch– und stammen von einem anderen Primaten ab, dem Proconsul der vor ca. 18 Millionen Jahren im afrikanischen Regenwald gelebt hat. Mit den Schimpansen, deren Gene sich nur zu 1,23% von den unseren unterscheiden, haben wir einen gemeinsamen Vorfahren. Die im Tschad gefundenen 7 Millionen Jahre alten Überreste des Sahelanthropus Tchadensis –oder Toumaï–, oder die 6 Millionen Jahre alten Überreste des Orrorin Tugenensis, die in Kenia entdeckt wurden, sind nicht diejenigen dieses Vorfahrens, sondern die seines engsten Nachfahrens. Toumaï und Orrorin gehören wie der moderne Mensch auch zur Unterfamilie der Hominiden, deren Mitglieder sich in Ostafrika zu Beginn der Pliozänzeit vermehrt haben. Die Überreste des Kenyanthropus platyops, die östlich vom Turkanasee in Kenia gefunden wurden, sind 3,5 Millionen Jahre alt. Die Australopithecinen lebten im Süden und im Osten des afrikanischen Kontinents vor -4,2 Millionen bis -2,5 Millionen Jahren. In Äthiopien wurde das Skelett von Lucy entdeckt, einer Australopithecinen, die bereits aufrecht geht, wie die 54 Fußspuren beweisen, die von ihresgleichen in Laetoli in Tansania vor 3,75 Millionen Jahren hinterlassen wurden. Vor 2,7 Millionen Jahren starben diese nach und nach aus und an deren Stelle traten die robusteren Paranthropen und vor 2,4 Millionen Jahren der *Homos habilis*, mit dem der *Homo rudolfensis*

UNSERE AFRIKANISCHEN VORFAHREN

assoziiert wird. Die Paranthropen starben vor einer Millionen Jahren aus. Der *Homo habilis* ist zweibeinig und hat eine Gehirnkapazität von fast 550 bis 680 cm³. Dieser geschickte Mensch fertigt die ersten Werkzeuge aus einfachen Steinen, die Oldowayenne-Fertigung, benannt nach dem Gebiet Oldoway in Tansania. Einige der *Homo habilis* sind vor 1 800 000 Jahren vermutlich aufgrund von klimatischen Veränderungen in den Kaukasus immigriert. Dieser zweibeinige *Homo georgicus* besitzt ein Gehirnvolumen von 600 cm³. Als der *Homo habilis* vor 1,44 Millionen Jahren ausstirbt, ist es 600 Tausend Jahre her, dass in Ost- und Südafrika der *Homo erectus* auftaucht – benannt nach seiner afrikanischen Herkunft– sowie der *Homo ergaster*, dessen Existenz bis zu einem Zeitraum von -1 Millionen Jahren zurückreicht. Dieser aufrechte Mensch, dessen Größe und Gewicht denen des modernen Menschen ähnlich sind, hat kein Kinn, seine Stirn ist fliehend und er hat dicke Augenbrauenwülste. Sein Gehirn ist 850 bis 1 250 cm³ groß. Der *Homo erectus* erstellt recht schnell ausgefeilte Faustkeile und bifazielle Handäxte sogenannte Acheuleen. Vor 1,8 Millionen Jahren verließ der *Homo erectus* Afrika und ging in den Nahen Osten, und beginnt sich in Asien und Europa zu verbreiten. Eine weitere Migrationswelle des afrikanischen *Homo erectus* wird ungef. 700 bis 600 000 Jahre vor unserer Zeitrechnung beginnen und führt ihn in den Maghreb und en Nahen Orient.

Zweibeinigkeit

Der Übergang zur Zweibeinigkeit ist eine wesentliche Etappe in dem Prozess der Menschwerdung. Sie erweist sich aus zahlreichen Gründen als vorteilhaft, unter anderem für die Handhabung des Werkzeugs. Eine gewisse Anzahl anatomischer Eigenschaften haben sich im Laufe der Zeit herausgebildet. So hat sich das Hinterhauptloch verlagert und der Schädel befindet sich auf der senkrechten Achse der Wirbelsäule. Dies führt zu einer Veränderung der phonetischen Organe und einer verbesserten Artikulationsfähigkeit, die im übrigen durch die Entwicklung der Sprachzentren im Gehirn, der Broca und Wernicke Areale begünstigt wird.

▲ *Australopithecine, Paranthrope, Homo habilis, Homo erectus.*

◀ *Oldowayenische Chopper. Prähistorisches Museum von Tautavel, östliche Pyrenäen, Frankreich. Der Chopper hat eine bearbeitete Seite, das Chopping-Tool zwei.*

▶ *Faustkeil Acheuléen. Regionalmuseum für Vorgeschichte, Orgnac-l'Aven, Ardèche, Frankreich.*

▶▶ *Eine der 54 Fußspuren von Laetoli, Tansania. Diese Fußspuren wurden dem Australopithecus afarensis zugeordnet und bescheinigen somit dessen Zweibeinigkeit.*

Nutzung des Feuers

Reste von Herdstellen belegen, dass der Mensch das Feuer bezähmt hat. Die ältesten Herdstellen stammen von vor höchstens 400 000 Jahren. Ihre Reste wurden in Vertesszölös, Ungarn, in Menez Dregan, Bretagne, in Terra Amata, in Nizza und in Choukoutien in China gefunden. Wurde das Feuer nicht von der Natur in Form von Vulkanausbrüchen, Blitzeinschlägen oder Waldbränden entfacht, erzeugte es der Mensch mittels eines Feuersteins, der beim Aufschlagen Funken sprühte oder durch das Reiben von zwei Holzstücken, bis die entsprechende Hitze erzeugt wurde. Für den *Homo erectus* war die Bezähmung des Feuers auf alle Fälle ein beträchtlicher Fortschritt.

▲▲ *Schädel des Homo erectus (heidelbergensis), ausgegraben in Sima de los Huesos, Atapuerca, Kastilien, Spanien.*

▲ *Levallois-Spitze aus La Ferrassie. Nationales Prähistorisches Museum Eyzies-de-Tayac, Dordogne, Frankreich. Die Levallois-Technik ist eine Abschlagtechnik, bei der eine vordefinierte Form aus dem Steinblock, dem Nucleus, abgeschlagen wird.*

▲ *Verdouble und die Schluchten von Gouleyrous, am Fuße des Kalkfelsens, wo die Grotte la Caune de l'Arago liegt.*

◀ *Spur der Herdstellen (-380 000 Jahre), Terra-Amata-Museum für Humanpaläontologie, Nizza, Alpes-Maritimes, Frankreich.*

▶ *Schädel des Menschen von Tautavel. Museum von Tautavel.*

DIE ERSTEN EUROPÄER

Vor mehr als einer Millionen Jahren kam der *Homo erectus* nach Europa. Die Werkzeuge, die ihm zugeordnet werden, wurden in Orce, Andalusien und in der Grotte von Callonet, in der Nähe von Menton an der französischen Riviera gefunden. In Ceprano, im Latium, wurde das Kalvarium eines Individuums gefunden, das aus der Zeit von 900 bis 800 000 stammt. 85 menschliche Fossilien wurden im kastilischen Raum von Gran Dolina in Atapuerca freigelegt. Sie sind 800 000 Jahre alt und stammen von Menschen, die als *Homo antecessor* eingestuft werden. Der Unterkiefer von Mauer stammt von einem *Homo erectus*. Er wurde im Tal des Neckars, bei Heidelberg in einer Erdschicht gefunden, die aus einer Zeit von vor 650 000 Jahren stammt. Die wissenschaftliche Zuordnung als *Homo heidelbergensis* wird auf die meisten späteren, europäischen *Homo erectus* angewandt, z.B. für Boxgrove im West Sussex (-500 000 Jahre), Caune de l'Arago, im französischen Katalonien (-450 000 Jahre), Sima de los Huesos in Atapuerca (-400 000 Jahre). Bei diesen europäischen *Homo erectus* bilden und festigen sich mit der Zeit Merkmale heraus, deren Weiterentwicklung ihre Nachkommen, die Neandertalmenschen charakterisieren und die den ersteren die Bezeichnung Präneandertaler einbringt. Vor 400 000 Jahren bezähmt der *Homo erectus* das Feuer und entwickelt eine neue Faustkeiltechnik.

Sie begraben ihre Toten

In Sima de Los Hueso, in Atapucera wurden 3 500 menschliche Fossilien von 32 Individuen gefunden, die vor 400 000 Jahren gelebt haben und die von ihren Artgenossen in diese riesige Grabstätte gelegt wurden… Vor 100 000 Jahren begannen die *Homo sapiens* im Nahen Osten und die *Neandertaler* im Nahen Osten, Europa und Zentralasien ihre Toten zu bestatten. Die Grabstätten von Qafzeh bei Nazareth sind Grabstätten der *Homo sapiens*, die vor 90 000 Jahren gelebt haben. Die Totenstadt La Ferrassie in der Dordogne besitzt acht neandertalische Grabstätten, darunter die eines dreijährigen Kindes und die Grotte von La Chapelle aux Saints in der Corrèze war die letzte Ruhestätte eines anderen *Neandertalers*, eines fünfzigjährigen „Greises".

▲ *Grabstätte in La Chapelle-aux-Saints, Corrèze, Frankreich. Dieser Mann lebte vor 60–50 000 Jahren.*

▶ *Mousterien-Schaber, der aus dem Marsalfelsen stammt. Nationales prähistorisches Museum von Eyzies. Die Mousterien-Werkzeuge sind sehr vielfältig.*

▼ *Unterschlupf von Moustier bei Eyzies. In diesem Gebiet wurde die Mousterienkultur entdeckt, die in Europa die Acheuléen-Kultur ablöste.*

▶ *Der Neandertalmensch. Man weiß viel über ihn, denn in den Grabstätten wurden die Knochen von mehr als 200 Individuen, darunter mehrere vollständige Skelette, gefunden. Dort wo er sich niedergelassen hatte, koexistierte er mit dem Homo sapiens. In Westeuropa beschränkte sich diese Koexistenz auf einen Zeitraum der sich auf 40 bis 30 000 Jahre BP erstreckte. Und eventuelle Hinweise darauf, dass sich diese beiden Arten vermischt haben sind sehr selten und benötigen einer Bestätigung.*

▶ *Schädel von Pierrette, Paléosite Museum, Saint-Césaire, Charente, Frankreich. Der Unterschlupf unter dem Felsen von Pierrot wird mit der Châtelperronien-Industrie in Verbindung gebracht. Diese Kultur, die aus der Zeit zwischen 37 000 und 33 000 Jahren BP stammt und deren Künstler ein Neandertalmensch zu sein scheint, ist zeitgleich mit der Aurignac-Kultur. Sie reiht sich in die Acheuléen-Tradition ein und entwickelt eine neue Klinge, die sogenannte Châtelperronspitze.*

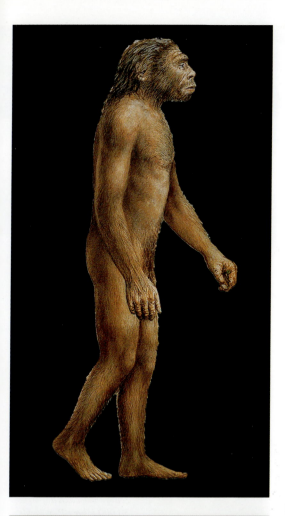

DER NEANDERTALER

Die 1856 im Tal des Neander in Deutschland gefundene Schädeldecke und die Skelettknochen eines Individuums sind die des Neandertalmenschen. Er ist untersetzt und hat eine tiefe Stirn. Ein knochiger Wulst schützt seine Augen und die fehlenden Wangenknochen und das Kinn verleihen ihm prognathe Gesichtszüge. Sein breiter, nach hinten gezogener Schädel schützt jedoch ein Gehirn mit einer Kapazität von 1 500 bis 1 600 cm^3, diese liegt teilweise über der des modernen Menschen. Er erreicht die höchste Entwicklungsstufe des europäischen *Homo erectus*. Der neandertalische Charakter wird durch die Fossilien von Swanscombe im Kent (-225 000 Jahre) und Petralona, in Griechenland (-200 000 Jahre) bestätigt. Die Menschen von Biache-Saint-Vaast, in Frankreich (-175 000 Jahre), von Krapina, in Kroatien (-130 000 Jahre) und Saccopastore, Italien (-120 000 Jahre) sind ehemalige Neandertaler, die sich vor 100 000 Jahren zum klassischen Neandertalmenschen weiterentwickelt haben. Dieser hat von Westeuropa bis Usbekistan und im Nahen Osten gelebt. Seine Existenz ging in diesem Gebiet mit der des *Homo sapiens* einher. Seine untersetzte Morphologie zeigt, dass er sich der Kälte angepasst hat, die im ehemaligen Würm herrschte. Er war der Hauptakteur der Mousterien-Kultur und begrub seine Toten. Er starb vor 30 000 Jahren aus. Die letzten Spuren seiner Anwesenheit wurden in Zaffaraya in Andalusien, Spanien gefunden.

▲ *Geschnitzter Stab aus Rentierholz, späte Magdalénienzeit. Museum für Kunst und Archäologie des Périgord, Périgueux, Dordogne.*

◄ *Schädel des Cro-Magnon Menschen.*

►► *Höhlenmalerei aus La Ferrassie. Nationales Prähistorisches Museum von Eyzies.*

► *Schmuck aus der Magdalénienzeit, der aus Saint-Germain-la-Rivière stammt. Nationales Prähistorisches Museum von Eyzies.*

►► *Bisongehänge aus Ochsenknochen, Unterschlupf von Raymonden, Magdalenienzeit. Museum für Kunst und Archäologie des Périgord.*

▼ *La Roque-Saint-Christophe: Henry Miller schreibt: „Wenn sich der Cro-Magnon Mensch hier angesiedelt hat, war er außerordentlich intelligent".*

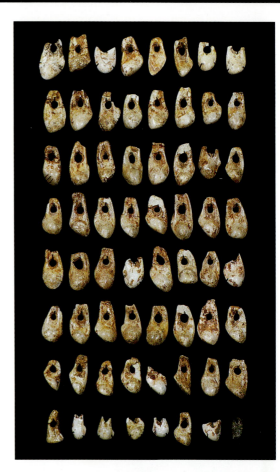

Datierungen

Zur Bestimmung des Alters von Fossilien oder Böden besitzen die Prähistoriker Techniken wie Biostratigraphie, Dendochronolgie, Thermolumineszenz, magnetische Suszeptibilität und Kohlenstoff C14. Letzterer ermöglicht es, Überreste von 50 000 Jahren mit Exaktheit zu bestimmen. Die kürzliche Weiterentwicklung dieser Methode ergab, dass frühere Datierungen mit der gleichen Methode die Abstände unterbewertet haben. So sei der *Homp sapiens* früher nach Westeuropas gekommen, um 41 000 BP herum, die Malereien in der Grotte von Chauvet 5 000 Jahre älter und die Koexistenz zwischen *Homo sapiens* und dem *Neandertalmensch* wesentlich kürzer gewesen.

DER HOMO SAPIENS

Im Nordosten des afrikanischen Kontinents erfuhr der *Homo erectus* vor beinahe 200 000 Jahren die entsprechende genetische Veränderung, die für seine Weiterentwicklung ausreichend war. Die Fossilien dieses archaischen *Homo sapiens*, zwei Erwachsene und ein Kind, wurden in Herto, Äthiopien entdeckt und sind 160 000 Jahre alt. Wie einige *Homo erectus* es lange vor ihnen getan hatten, haben *Homo sapiens* ihre Stammgruppe verlassen, um sich sowohl in anderen Regionen Afrikas, als auch im Nahen Osten anzusiedeln, wo sie vor 92 000 Jahren gelebt haben oder in China, wo ihre Anwesenheit vor 67 000 Jahren bestätigt wurde. Sie kommen vor 40 000 Jahren nach Europa. Man nennt sie die *Cro-Magnon Menschen*, nach dem gleichnamigen Gelände in der Nähe von Eyzies in der Dordogne, wo 1868 fünf 33 000 Jahre alte Skelette zu Tage befördert wurden, die es ermöglicht haben, den anatomisch modernen Menschentyp zu bestimmen, den *Homo sapiens sapiens*. Die Größe dieses Menschen entspricht unserer Größe. Seine Stirn ist gerade, die Wangenknochen vorspringend, das Kinn sichtbar und das Gehirnvolumen beträgt im Durchschnitt 1 500 cm^3. Er ist ein ausgezeichneter Jäger und entwirft mit viel Intelligenz und Geschick Werkzeuge, mit denen er immer effizienter arbeiten kann. Während der letzten Eiszeit bieten ihm Hütten oder günstig gelegene Höhlen Schutz vor der Kälte. Doch vor allem ist der *Homo sapiens sapiens* Träger einer regelrechten kulturellen Revolution…

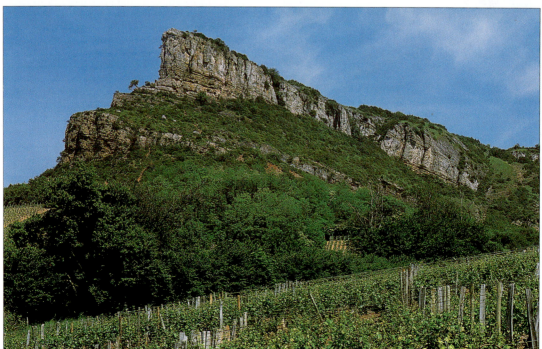

▲ *Ein in den Felsblock graviertes Pferd aus der Magdalénienkultur, benannt nach der gleichnamigen Fundstelle in der Dordogne. Nationales prähistorisches Museum von Eyzies.*

◀ *Bison, Höhle von Altamira, Cantabrie, Spanien. Das Deckendekor im mittleren Saal dieser Höhle wurde vor 14 500 Jahren erstellt. Der Künstler hat naturgetreu die anatomischen Züge und die Haltung der Bisons nachgezeichnet, die er sehr genau beobachtet haben muss.*

◀ *Das Felsgestein von Solutré, Saône-et-Loire, Frankreich. Die Jäger trieben die Pferde zum Fuße des Eperons, wo sie diese umzingelten. Die ausgewählten Tiere wurden dort geschlachtet und das Fleisch wurde vorort aufgeteilt. So wurden innerhalb 20 000 Jahren mehr als 30 000 Pferde getötet. Dass die Pferde auf die Crête de la Roche getrieben wurden, damit sie sich in den Abgrund stürzten, hat sich als Legende erwiesen.*

▶ *La Gravettespitze, die in der Dordogne gefunden wurde. Museum für Kunst und Archäologie des Périgord.*

SPÄTPALÄOLITHIKUM

Mit dem *Homo sapiens sapiens* beschleunigt sich alles! Ausgehend von den in Frankreich liegenden Gebieten, dem Land, das reich an Überresten aus dem Spätpaläolithikum ist, haben Prähistoriker hauptsächlich anhand industrieller Kriterien die verschiedenen Kulturen dieser Epoche definiert. Die ersten europäischen *Homo sapiens sapiens* gehörten der Aurignac-Kultur an (38 000 – 28 000 Jahre BP) benannt nach der Grotte von Aurignac im Departement Haute-Garonne. Die Gravette-Kultur (28 000 – 22 000 Jahre BP) wurde nach dem Fundort La Gravette in der Dordogne benannt. Die Solutré-Kultur (22 000 – 18 000 Jahre BP) verdankt ihren Namen dem Gebiet von Solutré in der Saône- et-Loire, die Magdalénienkultur (18 000 – 12 000 Jahre BP) den des Ortes La Madeleine in der Dordogne, und letztendlich die Azilkultur (12 000 – 10 000 Jahre BP) der Grotte Mas-d'Azil, im Ariège. Die Auriac-Kultur erstreckt sich über ein weitläufiges Gebiet, das von Zentralasien bis Westeuropa reicht und den Nahen Osten einschließt. Die Technik des Abschlagens von Feuersteinklingen wurde entwickelt und Schaber und Stichel hergestellt. Knochen wurden ebenfalls zur Herstellung von Speerspitzen bearbeitet. Die Gravette-Zivilisation, die sich in Zentral- und Westeuropa entwickelt, beherrscht sehr gut die Abschlagtechnik für Klingen. Das typische Werkzeug ist die feine und spitze Klinge aus

SPÄTPALÄOLITHIKUM

Feuerstein, die sogenannte La Gravettespitze. Die Verbreitung der Solutré-Kultur ist auf einen geographischen Raum von Frankreich beschränkt, dem Umfeld von Paris, der Aquitaine, dem Osten und dem Südwesten des Zentralmassivs, sowie der Iberischen Halbinsel. Die Menschen dieser Kultur erreichen mit der Herstellung von sehr feinen Speerspitzen den Höhepunkt in der Kunst des Behauens des Feuersteines. In dieser Epoche tauchen auch die Kerbspitzen und die ersten aus Knochen gefertigten Nadeln mit Nadelöhr auf. Die Magadalénien-Kultur ist von der Iberischen Halbinsel bis nach Zentraleuropa bekannt. Diese Zivilisation verkleinert und vervielfältigt ihre Steinwerkzeuge. Sie kreiert zahlreiche Objekte aus Knochen wie Harpunen und Speerschleudern, die ihnen das Leben als Jäger erleichterten, sowie angebohrte Stöcke für eine Verwendung, die noch umstritten ist. Die klimatische Erwärmung während des Azilien führt in den Regionen zwischen Spanien und der Schweiz zu veränderten Werkzeugen. Die Menschen der Azilienkultur stellen kleine Steinartefakte her. Die Knochenwerkzeuge, die auch flache Harpunen aus Hirschgeweih beinhalten, erfahren ebenfalls eine Verkleinerung. Die Azilienzeit wird manchmal im Süd-Westen Frankreichs und im Norden und Osten Spaniens mit dem Epipaläolithikum in Verbindung gebracht, eine Periode und Übergangszeit zwischen dem Paläolithikum und dem Mesolithikum.

▲▲ *Durchbohrter Stab aus Hirschholz, der aus dem Unterschlupf von Souci stammt. Späte Magdalénienzeit. Museum für Kunst und Archäologie des Périgords. Der Verwendungszweck dieses Gegenstandes ist noch unklar. Vielleicht diente er dazu, die Speere wieder gerade zu richten.*

◄ *Eine mit einem Rehkitz geschmückte Speerschleuder aus Rentierholz, die aus der Höhle von Bédeilhac, Ariège, Frankreich stammt. Die Speerschleuder stammt aus dem späten Solutreen. Zum Werfen der Speerschleuder befestigt der Jäger den Hacken des Schafts in der Kerbe des Wurfgeschosses, das den Hebelarm verlängert. Das andere Ende und die Speerspitze hält er in einer Hand.*

▲ *Bemalter Azilien-Stein aus dem gleichnamigen Fundort in der Ariege. Museum für Kunst und Archäologie des Perigords. Neben der parietalen Malerei bemalten oder gravierten die Azilien-Menschen unzählige Steinblöcke. Zur Herstellung von länglichen Teilen verwendeten sie eine der Levalloistechnik entlehnten Methode. Zum Herausarbeiten dieser ganz feinen Klingen aus dem Nucleus, verwendeten sie hochwertiges Material, wie den Feuerstein.*

◄ *Kerbspitze aus dem Solutreen, gefunden im Fourneau du Diable, bei Brantôme. Nationales prähistorisches Museum von Eyzies.*

► *Harpune mit zwei Reihen von Widerhaken. Spätes Magdalénien. Museum Labenche, Brive-la-Gaillarde, Corrèze, Frankreich.*

Schamanismus

In den nordsiberischen und altaischen Gesellschaften ist der Schamanismus eine religiöse Erscheinungsform: Um mit den Göttern oder den Geistern in Verbindung zu treten, begeben sich die Menschen zu einem Schamanen. Der Begriff Schamane stammt aus dem tungusischen und bringt die Vorstellung von Bewegung zum Ausdruck. Kürzlich wurde der Schamanismus von David Lewis-Williams und Jean Clottes mit dem Ausschlüpfen der prähistorischen Kultur in Verbindung gebracht. Demnach stellt der Schamane in den verzierten Höhlen die Verbindung zu den Göttern her, indem er sich in einen tranceartigen Zustand oder in Ekstase für die Belange der Mitglieder seiner Gemeinschaft bei den überirdischen Kräften einsetzt.

▲ *Eine Hyäne, Höhle Chauvet-Pont-d'Arc, Ardèche. Das Dekor mit ca. 400 Figuren, die 30–28 000 Jahre alt sind, beweist, dass sich die Menschen in der Epoche nicht nur auf das Gravieren von Felsblöcken beschränkt haben.*

▶ *Weiblicher Kopf aus Elfenbein von Brassempouy, Frankreich, Gravettien. Museum für nationale Antiquitäten in Saint-Germain-en-Laye, Frankreich.*

▼ *Eine mit Rentieren verzierte Knochenklinge aus Morin, Magdalénienkultur, Museum von Aquitanien, Bordeaux, Frankreich.*

DIE ERSTEN KÜNSTLER

▲ „Venus mit Horn", Flachrelief aus der Höhle von Laussel, Dordogne, Gravettien. Museum von Aquitanien, Bordeaux, Gironde.

▶ Knochen mit einem eingravierten „Hexenmeister" Nationales prähistorisches Museum in Eyzies.

▼ Verstümmelte Hand, Gravettien. Höhle von Gargas.

Es ist schwierig, die Anfänge der „prähistorischen Kunst" zeitlich einzuordnen. Es ist gut möglich, dass einige Formen von Kunst, wie Gesang und Tanz ausgeübt wurden, ohne dass hierbei Spuren für die Archäologen hinterlassen wurden. Das Ocker wurde schon sehr früh von den *Homo sapiens* und den *Neandertalern* zum Färben der Kleidung oder zur Körperbedeckung verwendet, was nicht immer nur zweckorientiert war. In der Höhle von Blombos in Südafrika wurden im übrigen zwei Felsenblöcke aus rotem Ocker gefunden, die von vor -77 000 Jahren stammen. In diese sind die gleichen geometrischen Figuren eingeritzt, die darauf schließen lassen, dass deren Künstler Symbolisches zum Ausdruck bringen wollten. Die große Zeit der prähistorischen Kunst liegt jedoch im Spätpaläolithikum. Die *Homo sapiens sapiens* der Aurignac-Kultur weihen die ersten figurativen Zeichnungen ein. Sie dekorieren Gebrauchsgegenstände und zeichnen schematisch menschliche, insbesondere weibliche Formen und Tiere auf die Felsblöcke. Sie erstellen ebenfalls Ketten und Schmuck aus Knochen, Elfenbein, Muscheln oder Zähnen. Das Dekor der Höhle Chauvet im Vallon-Pont-d'Arc in der Ardèche stammt von vor 30 000–28 000 Jahren und beweist, dass ihr künstlerisches Talent schon weit hierüber hinausgeht. Im Gravettien stellen die Gravuren, Skulpturen und Malereien dieser Epoche die Tiere

DIE ERSTEN KÜNSTLER

▲ *Aus Ton geformte Bisons, Tuc d'Audoubert, Ariège, spätes Magdalénien.*

◀ *Pinguin. Grotte Cosquer, Bouches-du-Rhône, Frankreich. 1991 entdeckte Henri Cosquer diese Grotte, als er am Fusse des Cap Morigou, westlich von Cassis inmitten der Calanques tauchte. Der Zugang zu dieser Grotte liegt 37 m tief und das Dekor stammt aus dem Gravettien und dem Solutreen.*

noch sehr schematisch dar. Der Schmuck wird immer vielfältiger. Man hat über ganz Europa verteilt weibliche Statuetten aus dieser Epoche gefunden. Aus Elfenbein oder Knochen geschnitzt oder in Stein gehauen sind diese Venusfiguren im allgemeinen nackt, aufrecht und prall, die Gesichtszüge, Hände und Füße sind gerade mal angedeutet. Im Solutréen erscheinen die ersten, im Halbrelief gehauenen Friesen sowie einige parietale Figuren. Die grossen Künstler der Prähistorie sind jedoch im Magdalenien zu finden: Sie haben eine große Anzahl von Höhlen in Frankreich und Spanien mit Gravuren und Skulpturen versehen und sie vor allem bemalt, wobei uns ihre Technik und ihr Talent, dass sie an den Tag legten, noch heute erstaunt! Diese Künstler aus dem Magdalénien oder auch aus anderen Kulturen, haben die obskuren Höhlen mit dem flackernden Schein ihrer Leuchten erhellt und sorgfältig die Arbeitsfläche ausgesucht, die sie bearbeiten wollten und dabei die Reliefs des Felsen ausgenutzt. Um die höchsten Stellen der Wand zu erreichen, mussten sie richtige Gerüste aus Stämmen oder Ästen errichten, die mit Seilen verbunden wurden. Den Graveuren standen Feuersteinspitzen, Klingen und Stichel zur Verfügung und ihre Gravuren waren oft farbig. Die Bildhauer haben ebenfalls Werkzeuge aus Feuerstein verwendet: Schlagbolzen, Messer, Stichel und Schaber. Die Palette der Maler umfasste

Homo floresiensis

Auf der indonesischen Insel Flores im Osten von Java wurden in der Grotte von Liang Bua Fossilien von mehreren Hominiden gefunden, darunter ein fast vollständiges, 18 000 Jahre altes Skelett. Dieses weibliche Wesen aus dem frühen Magdalénien war 1 m lang, wog 25 kg und das Gehirnvolumen betrug 380 cm^3. Abgesehen von der Größe ähnelt der Schädel dem des *Homo ergaster* der vor 900 000 Jahren von Afrika auf diese Insel gekommen sei, wo er sich, wie auch andere große Säugetiere, zwergwüchsig entwickelte.

▲ Ein Bison, das sich seine Flanke leckt. La Madeleine. Nationales prähistorisches Museum von Eyzies.

◄ Geflecktes Ponys, Gravettien. Grotte von Pech-Merle, Lot, Frankreich.

▼ Gravierte Ponyköpfe Magdalénien. Höhle Font-de-Gaume, Les Eyzies.

DIE ERSTEN KÜNSTLER

die Farben Schwarz (Holzkohle oder Manganoxid), Weiß (Kaolin, auch Porzellanerde genannt) und vor allem die Farben Rot, Gelb und Braun (Ocker) Diese mineralischen Substanzen wurden entweder direkt verwendet oder in einem Steinmörser zerstoßen. Das so erhaltene Pulver wurde anschließend mit Wasser, Mark, Fett und gewissen Pflanzensäften vermischt. Zum Auftragen dieser Farben auf die Felswand fehlte es den Künstlern nicht an Werkzeug: Hände und Finger, Stifte aus farbigem Material, wie Ockerblöcke zum Beispiel, Pinsel aus Pflanzenfasern oder Tierhaaren, pflanzliche Bürsten oder Stempel aus Moos oder Pelz. Sie kannten die Pochoirtechnik, was durch Negativabdrücke von Händen auf der Felswand belegt wird, die zu Hunderten in zahlreichen Höhlen, wie in den Berghöhlen in Marang, im Osten von Borneo gefunden wurden und mindestens 10 000 Jahren alt sind. Sie haben sogar die Spritzmalerei erfunden: Die farbige Materie wurde mit Hilfe eines hohlen Knochens auf die Felswand geblasen. Ihre bevorzugten Themen: Tiere aus ihrer Umwelt, vor allem Rinder und Pferde, deren Verbindung laut André Leroi-Gourhan das Paar Mann-Frau symbolisieren könnte. Die Werke der Menschen aus der Vorgeschichte zeugen von ihrer Lebensauffassung. Die von ihnen dekorierten Höhlen waren vielleicht Heiligtümer einer schon komplexen Religion.

▲ *Anthropomorphe Darstellung. Beginn des Magdaléniens. Grotte Cougnac, Lot.*

▶ *Mammuts und Steinböcke. Magdalénien. Grotte von Rouffignac, Dordogne. Inmitten dieses riesigen Höhlennetzes befinden sich zahlreiche Tierdarstellungen, darunter 26 Mammute, 12 Bisonrinder, 12 Pferde, 12 Steinböcke und 3 Nashörner.*

◀ Gravierter Löwenkopf. Magdalénien. Grotte Combarelles, bei Eyzies.

▶ Ein Hirsch und ein Pferd. Magdalénien. Höhle von Niaux, Ariège. Einige Darstellungen wurden im pyrenäischen Park für prähistorische Kunst in Tarascon-sur-Ariège nachgebildet.

▼ Ein Pferd aus der Grotte von Oxocelhaya, Pyrénées-Atlantiques, Frankreich. Magdalénien.

▲ Grotte von Lascaux, Dordogne. Der berühmte Stier erklärt den begeisterten Ausruf von Abt Breuil: „Die Sixtinische Kapelle der Vorgeschichte!"

◀ Rot-schwarze Kuh und springende kleine Pferde, Lascaux-Höhle, Dordogne. Das Zeichen links von der Kuh gibt auch den Fachleuten ein Rätsel auf.

▶ Lascaux. Der Künstler, der diesen Galopp festgehalten hat, gab seiner Darstellung eine Tiefenwirkung, indem er zwischen Hals und linkem Vorderfuß einen Freiraum ließ.

DAS MEISTERWERK: LASCAUX

Am 12. September 1940 entdecken vier Jungen beim Spiel unweit von Montignac in der Dordogne einen sagenhaften Schatz: die fast 17 000 Jahre alten, aus dem Magdalénien stammenden Fresken und Gravierungen von Lascaux! Mehrere hundert Meter Wände und Decken sind bedeckt mit vor Leben und Farben sprühenden Tierfriesen. Stiere, Pferde, Hirsche, Wisente… wurden mit einem ganz außerordentlichen Sinn für künstlerische Komposition und Kohärenz mitten in der Bewegung festgehalten! Die Fachleute sind sich einig: Dies ist eines der Wunderwerke der Vorgeschichte. Als die Höhle 1948 der Öffentlichkeit zugänglich gemacht wurde, riß der Besucherstrom nicht mehr ab. Doch diese Menschen setzten Kohlensäure und Wasserdampf frei, strahlten Wärme ab und brachten in ihrer Kleidung Sporen und Bakterien mit… So bildeten sich Krankheiten, die die Malereien stark beschädigten. Nach erfolglosen Versuchen, Abhilfe zu schaffen, mußte Lascaux 1963 geschlossen werden. Damit uns dieses Meisterwerk nicht vorenthalten bleibt, wurde ein Teil der Höhle einige hundert Meter weiter in einem ehemaligen Steinbruch nachgebildet. Beim Bau von „Lascaux II" wurden sogar einige Techniken der Künstler aus dem Magdalénien *wiedererfunden*. Die Nachbildung ist garantiert originalgetreu!

▲ *Wandmalerei von Çatal Hüyük, Türkei, um 6 000 vor J.-C.*

◄◄ *Gravierte Dolmenstütze. Prähistorisches Museum Miln-Le-Rouric, Carnac, Morbihan, Frankreich.*

◄ *Gravuren des Cairn von Gavrinis, Morbihan. Die meisten (23 von 29) Orthostaten aus farbigem Granit von 14 m Länge sind mit mysteriösen Gravuren verziert. Im mittleren Neolithikum errichtet, ist dieses Monument vermutlich eine oligarchische Grabstätte.*

► *Eiförmige Vase, Museumsschloss Bélesta, westliche Pyrenäen. Die Grotte von Bélesta verbarg in einem kleinen Raum die Überreste von gut zwanzig Lebewesen, die von 28 Vasen umgeben waren. Diese Massengrabstätte stammt von 3 600 vor J.-C.*

Die Palafitte

Ein Palafitte ist eine lakustrische Behausung, die auf einem Pfahlwerk gebaut ist. Zwischen 4 500 und 3 000 vor J.-C. wurden Pfahlbauten an Flussufern oder in Sumpf- und Torfgebieten in den Alpen und im Jura erstellt. So wurden 3 000 Jahre vor J.-C. an den Ufern des Lac de Chalin, unweit von Lons-le-Saunier um die zwanzig Häuser rechts und links von einer zentralen, mit Brettern und Rundstämmen befestigten Strasse erstellt. Der hintere Teil des Hauses diente als Lagerraum für Getreide und Hülsenfrüchte, deren Ernte aus der Urbarmachung des Bodens durch Brandkultur stammte. War der Boden durch die Anbaumethode ausgelaugt, wurden andere Felder bewirtschaftet. Befanden sich die Felder weitab von der Ansiedlung, wurde diese abgebrannt und an einem anderen Teil des Ufers nicht weit von den neuen Feldern wieder aufgebaut.

VOM NEOLITHIKUM BIS ZUR BRONZEZEIT

Das Mesolithikum (8 000–6 000 Jahre vor J.-C.) ist eine gut identifizierte Überganszeit in Frankreich und Spanien zwischen dem Paläolithikum und dem Neolithikum, der Neusteinzeit. Was als neolithische Revolution bezeichnet wird, skizziert sich im XI. Jahrtausend vor J.-C. durch das fruchtbare Wachstum, das sich von den westlichen Ufern des Mittelmeers bis zum Norden des persischen Golfes erstreckt. Ein Volk, die Natufien, ließen sich in festen Dörfern nieder, an Stellen, wo genießbare Wildgräser im Überfluss vorhanden waren, wie zum Beispiel Weizen und Gerste, deren Körner sie sammelten. In der gleichen Region begannen sich die Dorfbewohner von Aswad und Mureybet um 9 000 vor J.-C nach und nach zu Bauern zu entwickeln und zweitausend Jahre später zu Züchtern. Innerhalb der gleichen Epoche entwickelte und weitete sich die Herstellung von Keramikteilen aus, die somit wesentlich die spätneolithische Kultur prägten, die in Westeuropa ebenfalls durch die Megalithen zum Ausdruck kommt. Die Töpferscheibe wurde im Nahen Orient 3 000 Jahre vor J.-C erfunden. Vom Jäger, Sammler und Nomaden entwickelt sich der Mensch zum Bauern und Züchter und wird sesshaft. Er lebt in einer Gesellschaft, die sich immer mehr in ein Hierarchiegebilde einfügt. Er feilt die Technik des Steinpolierens weiter aus, um Äxte und Dechsel zum Roden von Flächen

VOM NEOLITHIKUM BIS ZUR BRONZEZEIT

und Hacken zum Bearbeiten des Bodens herzustellen. Er spinnt und webt zunächst das Leinen und später die Wolle. Diese neuen Techniken verbreiten sich überall im Nahen Osten und im Mittelmeerraum. Im Verlauf des Jahrtausends vor J.-C. kommen Ackerbau und Aufzucht nach Westeuropa, wo der Mittel- und Spätneolithismus und die Bronzezeit (5 000–2 000 vor J.-C.) die große Epoche der Megalithkultur begründen. Die Menschen bestatteten ihre Toten in den Kammern der Dolmene. Diese bestanden aus senkrecht aufgerichteten Steinplatten auf denen eine oder mehrere Steinplatten flach aufliegen und die oft von einem Erd- oder Steinhügel überdeckt sind. Sie werden als Cairn bezeichnet. Die Menhire, aufrechtgestellte Steine, werden einzeln oder auch als Steinreihe errichtet. Die Cromlechs sind Menhire, die kreisförmig, halbkreisförmig oder rechteckig angeordnet sind. Welche Funktion haben diese Menhire: Gedenkstein, Wegweiser, religiöse Symbole oder astronomische Markierungen? Sie haben uns noch immer nicht ihr Geheimnis offenbart. Die Kupferverarbeitung, die 5 000 Jahre vor J.-C. in Anatolien begann, kam zweitausend Jahre später nach Europa, wo die Bronzeverarbeitung 1 800 vor J.-C. Einzug hielt. Die Kunst des Schreibens wurde in Sumer 3 500 vor J.-C. erfunden. Der Mensch steht kurz davor, in die Geschichte einzugehen…

▲ *Steinreihe von Kermanrio, Carnac, Morbihan. Mittleres Neolithikum. Diese Steinreihe, die bedeutendste von Carnac erstreckt sich auf einer Fläche von 1 128 x 100 m. Sie bestand aus sieben Hauptreihen, die von 1 029 Menhiren oder aufgerichteten Steinen geformt wurde. In unserer heutigen Zeit liegen viele dieser Menhire auf dem Boden.*

◄ *Ein aus Bärenknochen erstellter Dolch, aus Baume Bonne. Spätneolithikum Prähistorisches Museum der Schluchten des Verdon, Alpes-de-Haute-Provence, Frankreich.*